PIERRE RABHI & ANNE VAN STAPPEN

Das kleine Übungsheft

Für eine bessere Welt

Aus dem Französischen von
Claudia Seele-Nyima

Illustrationen von Jean Augagneur

TRINITY

Über die Autoren

Pierre Rabhi ist Autor, Landwirt und Umweltschützer. Er setzt sich für ein Gesellschaftsmodell ein, in dem Mensch und Umwelt im Mittelpunkt stehen und respektiert werden sollen. Dieses Engagement führte zur Gründung verschiedener Initiativen, darunter die »Mouvemenent pour la Terre et l'Humanisme« (Bewegung für die Erde und für Humanismus), die als Colibris-Bewegung populär geworden ist.

Anne van Stappen ist Ärztin und beschäftigt sich seit vielen Jahren mit menschlichen Beziehungen. Sie ist Trainerin für *Gewaltfreie Kommunikation*® und bietet seit 1995 Vorträge und Workshops zu Kommunikation und Konfliktmanagement an.

Die Originalausgabe ist erstmals 2012 bei
Éditions Jouvence erschienen.

Umschlaggestaltung: Guter Punkt, München
Satz: Veronika Preisler, München
Druck und Bindung: Pustet, Regensburg
ISBN 978-3-941837-92-8

Unsere Liebe zur Erde und zu den Menschen ist so grenzenlos, dass wir sie auf tausend verschiedene Arten zum Ausdruck bringen könnten – eine schöner, belebender und verantwortungsbewusster als die andere.

Der Einfachheit halber haben wir uns jedoch auf fünf Grundsätze beschränkt, die uns inspirieren und beflügeln – und hoffen, dass sie bei Ihnen dieselbe Wirkung haben.

Das sind sie:

Eine klare Sicht, die Ausrichtung nach innen und die daraus entstehende heitere Gelassenheit fördern.

Uns unserer gegenseitigen Abhängigkeit bewusst werden und solidarisch, fürsorglich und entgegenkommend sein.

Lebensfreude, Staunen und Dankbarkeit kultivieren.

Die Schönheit der Natur und der Welt hegen und bewahren.

Das Leben vereinfachen, indem wir unsere materiellen Bedürfnisse zurückschrauben.

Mit diesem kleinen Übungsheft möchten wir allen, die es mit Herz und Verstand lesen, den Schlüssel in die Hand geben, der ihnen die Tür zu kostbaren Ressourcen öffnet, die – wie die Liebe – jedes Mal wachsen, wenn man sie verschenkt: heitere Gelassenheit und Freude, die sich einstellen, wenn man sich dem **Lebendigen** zuwendet.

Die Autoren haben diese Zeilen in der Überzeugung verfasst, dass die wahren Reichen jene Menschen sind, die **die Schönheiten der Welt erkennen, genießen, wertschätzen und teilen können.** Mithilfe der Übungen auf den folgenden Seiten können

Sie sich weiterentwickeln und zu aktiven **MITGESTALTERN** eines liebevollen, wertschätzenden Umgangs mit der Erde werden. Begeistern Sie sich gemeinsam mit uns leidenschaftlich dafür, Schönheit in all ihren Formen zu bewahren. **Lösen wir uns dafür von unserer kurzfristigen Sichtweise, um sicherzugehen, dass wir uns auch langfristig am Leben freuen können.**

Wer den »Weg des Kolibris« geht, wird feststellen, dass ein achtsamer Umgang mit der Erde und ihren Bewohnern nichts mit beschwerlicher Askese zu tun hat – im Gegenteil: Wenn wir engagiert unseren liebevollen Respekt für die Erde zum Ausdruck bringen, um ihre Ressourcen zu schützen, lässt das nach und nach eine subtile Freude in uns aufkommen: die Freude, das gemeinsame Erbe der Menschheit zu schützen, ebenso wie die Freude, unseren Nachkommen diesen wunderbaren Planeten zu hinterlassen. Wer seinen Teil im Dienst an der Welt beiträgt, wird reich belohnt: mit Begeisterung, Heiterkeit und Entschlossenheit – ganz wie der berühmte kleine Kolibri, den Pierre so gernhat. Hier seine Geschichte:

Eines Tages brach im Dschungel ein riesiges Feuer aus. In null Komma nichts nahmen alle Tiere Reißaus, einige nicht ganz so schnell, andere in wilder Hast. Unter ihnen war auch ein Nashorn. So groß es auch war, so klein war sein Mut: Vor lauter Angst legte es *den* Spurt seines Lebens hin, um dem Flammenmeer zu entkommen. Weil es ahnte, dass seine Spezies vom Aussterben bedroht war, hatte es all seine Kräfte mobilisiert, um sich in Sicherheit zu bringen – mit dem Erfolg, dass es sich als einer der Ersten außerhalb der Gefahrenzone wiederfand. Gerade hatte das Nashorn haltgemacht, um Atem zu schöpfen – mit stolzgeschwellter Brust wegen seiner sportlichen Glanzleistung –, als es einen Kolibri bemerkte, der geradewegs auf die Flammen zuflog. Keuchend und triefend, aber voller Selbstgefälligkeit, rief der Dickhäuter dem Vogel herablassend zu:

»He, Kleiner, da hinten brennt's! Willst du unbedingt deinen Hals riskieren und als Brathähnchen enden? Du bist wohl übergeschnappt?!«

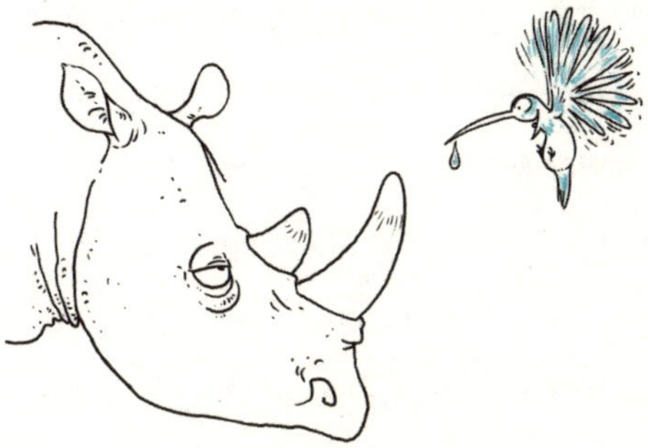

Der Kolibri ließ sich von dem höckerigen, krummen Gesicht und dem verächtlich verzogenen Maul nicht aus der Fassung bringen, öffnete den Schnabel und zeigte dem Nashorn den Wassertropfen, der sich darin befand.

»Du glaubst doch wohl nicht im Ernst, dass du einen solchen Brand mit einem winzigen Wassertröpfchen löschen kannst?«, tönte das Nashorn.

»Ich glaube gar nichts, ich trage meinen Teil bei!«, erwiderte der Kolibri, ohne auch nur mit der Feder zu zucken …

1) Eine klare Sicht, die Ausrichtung nach innen und die daraus entstehende heitere Gelassenheit fördern

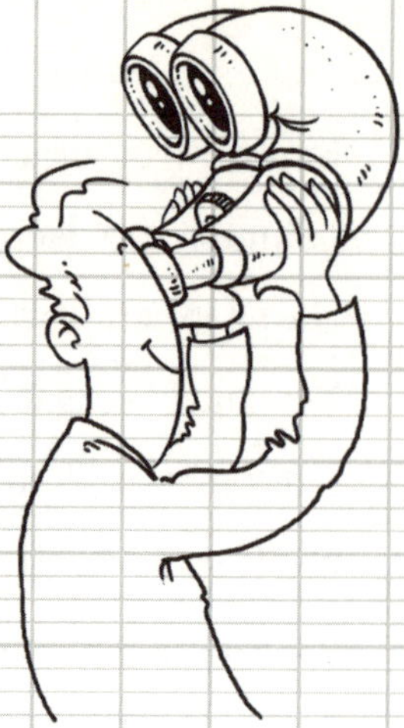

Wenn wir uns im Folgenden auf die Suche nach dem Glück begeben, werden wir immer wieder darauf stoßen, wie unsere Lebensweise sich auf unser Leben, unsere Beziehungen und den Planeten auswirkt. Zunächst ist es für uns selbst sinnvoll, uns bewusst zu machen, dass wir **zu dem werden, was wir aufnehmen** – das gilt für unsere Ernährung ebenso wie für unsere Überzeugungen und Gedanken. Zum einen wird unser Körper aus dem, was wir essen und trinken, gebildet; zum anderen sind unser Schicksal und unser Glück zum größten Teil aus unseren Gedanken, Gemütszuständen und den Taten gewebt, die sich daraus ergeben.

Im Zusammenhang mit unseren Beziehungen werden wir uns mit wohlwollender Zuwendung und Solidarität befassen, in dem Bewusstsein, dass beides sich positiv auswirkt – sowohl auf die gebende Person als auch auf die, die das Wohlwollen und die Solidarität empfängt.

Und was unseren größten Reichtum, Mutter Natur, betrifft, beziehen wir die offenkundige Tatsache mit ein: Wir leben nicht nur in der Natur, sondern ...

... WIR SIND TEIL DER NATUR. WIR WERDEN VON DER NATUR GEBILDET, SIE ERHÄLT UNS AM LEBEN.

Und dennoch plündern und verwüsten wir sie, ohne daran zu denken, dass wir damit auch uns selbst zerstören ...

Der Mensch, der den letzten Baum fällt, wird der letzte Mensch überhaupt sein.

Wir werden Ihnen unsere Gedanken und Schlussfolgerungen auf leicht nachvollziehbare Weise präsentieren, damit Sie ein realistisches Bewusstsein für Ihre Entscheidungen im Leben und deren Auswirkungen entwickeln können. Falls Sie dieses Bewusstsein inspirierend finden, könnten Sie beschließen, entsprechende Handlungen täglich in Ihren Alltag einzubauen.

Bringen Sie sich selbst dabei Verständnis entgegen und akzeptieren Sie von vornherein Ihre eigenen Unvollkommenheiten: Das, worauf es ankommt, sind der Wille, der Sie leitet, und der Weg, den Sie dann einschlagen, um den Willen konkret umzusetzen.

Zu welchen Erkenntnissen Sie auch immer durch dieses Übungsheft gelangen: Seien Sie gut zu sich! Es versteht sich von selbst, dass jeder vor dem Hintergrund seines Lebenswegs und seiner Empfindsamkeit sein Bestes gibt.

Die Indianer aus Dakota sagten: »**Wer eine Entscheidung trifft, sollte stets die Auswirkungen auf die nächsten sieben Generationen bedenken.**« Es ist also sinnvoll, über unsere Lebensweise und ihre Auswirkungen auf den Planeten, den wir unseren Nachkommen hinterlassen, nachzudenken. Allerdings: Wenn dieses Nachdenken uns traurig macht oder beschämt und wir uns dann auf Aufheiterungen aller Art stürzen, um etwas gegen unsere Niedergeschlagenheit zu tun, ist das letztlich kontraproduktiv.

Wir sollten also klar erkennen, wie wir »funktionieren«, uns aber deswegen nicht geißeln.

Um unseren Kolibri-Anteil beizutragen, müssen wir zwei Dinge tun: in Freude leben und gleichzeitig die Ressourcen schützen, die das Universum uns in seiner Großzügigkeit zur Verfügung stellt.

Das werden wir aber nur schaffen, wenn wir klar im Blick behalten, dass wir nur vorübergehende Bewohner der Erde sind, und wenn wir uns selbst gegenüber eine wohlwollende Haltung haben. Niemandem fällt es leicht, die eigenen Grenzen zu erkennen.

Jeder trägt einen blinden Fleck in sich, diesen Punkt auf der Netzhaut ohne Lichtrezeptoren, der vollkommen blind ist. Doch nur in dem Bestreben, uns das bewusst zu machen, was wir bislang nicht wussten oder nicht sehen wollten, können wir unsere Verantwortung, unser Wissen um die wechselseitige Abhängigkeit und das richtige Handeln, das sich daraus ableitet, erarbeiten.

Entwickeln Sie Ihre klare Sicht, indem Sie die BILANZ IHRER WERTE ziehen:

Die unten aufgeführten Werte sind eine solche Quelle der Bereicherung, dass sie das Glück jedes Menschen, der sie kultiviert, um ein Vielfaches vergrößern.

Ein Wert ist schlicht und einfach das,
dem ich Bedeutung zumesse ...
Erzähle mir von deinen Werten und du zeigst mir, wer du bist!

Malen Sie die Blumen mit den Werten, die Ihnen am meisten am Herzen liegen, bunt an.
Wählen Sie aus diesen Werten zwei aus, die Sie gerne noch stärker in den Mittelpunkt rücken und entwickeln würden, und kreisen Sie sie mit einem Zeichen ein, das Ihre Wertschätzung deutlich macht: mit einem Herz, einer Sonne …

Falls nötig, vervollständigen Sie die Liste mit Werten, die Ihnen wichtig sind, die darin aber nicht auftauchen.

Lesen Sie die Begriffe in der Liste aufmerksam und spüren Sie in sich hinein, ob manche davon Ihnen ein gutes Gefühl vermitteln. Stellen Sie sich vor, dass dieser Wert in Ihnen strahlt – das hilft. Spüren Sie ihn, betasten Sie ihn! Sprechen manche Begriffe Sie mehr an als andere?

Schreiben Sie hier den Namen einer Person hin, der Sie in einer Woche 10 Minuten lang die Erfahrung eines Wertes schenken wollen, der Ihnen schon allein beim Lesen gutgetan hat:

....

....

Sie können diesen Wert entweder konkret bei der betreffenden Person umsetzen oder ihr erzählen, inwiefern dieser Wert Sie berührt, etwas in Ihnen ausgelöst hat.

Schreiben Sie nun die konkreten Aspekte – Handlung, Datum, Ort, Person … – in Ihr Heft.
Seien Sie dabei kreativ und entspannt!

Beispiel: Wenn Sie beim Lesen von »Entzücken, Staunen« einen Anflug von Wohlbefinden gespürt haben, suchen Sie die Person Ihrer Wahl auf und nennen Sie ihr etwas Konkretes, das diese Person an sich hat und das bei Ihnen staunende Bewunderung auslöst.

....

....

....

....

....

....

....

....

....

....

Markieren Sie jetzt mit Leuchtstift die Probleme,
die für Sie besonders schwer zu ertragen sind:

Krieg, physische Armut, seelische Bedrängnis, Einsamkeit, Umweltverschmutzung (Erde, Luft, Wasser), Gewalt, Trinkwassermangel, mangelnde Gesundheitsversorgung, kein Zugang zu Bildung, Hungersnot, Korruption, Lügen, Ungerechtigkeit, Diktatur, Folter, Verschwendung, Leugnen, dass alles und alle wechselseitig voneinander abhängig sind, Ableugnen, dass unsere Ressourcen begrenzt sind

Fügen Sie hier weitere Aspekte unserer »Funktionsweise« hinzu,
die Sie für unerträglich halten:

....

....

....

....

....

....

....

....

....

....

....

....

....

....

Wenn Sie von nun an derartige Umstände reduzieren wollen, dann suchen Sie **jetzt** nach etwas – und sei es nur etwas ganz Geringfügiges –, das Sie tun können, um den Verlauf der Dinge, die Sie eingekreist bzw. aufgeschrieben haben, in die entgegengesetzte Richtung zu lenken.

Zum Beispiel:

Wenn Sie **seelische Bedrängnis** angestrichen haben, überlegen Sie sich, welchem Menschen Sie einen Moment des Trosts schenken könnten.

Haben Sie **Krieg** eingekreist, schauen Sie, ob Sie mit irgendetwas oder jemandem im Streit liegen und wieder Frieden schließen können.

Sollten Sie **Wasserverschmutzung** eingekreist haben, könnten Sie vielleicht bei Ihrem nächsten Abwasch weniger Spülmittel verwenden?

Schreiben Sie hier auf, was konkret Sie in der kommenden Woche in die Tat umsetzen wollen:

....

....

....

....

Erschaffen wir unseren idealen Planeten:

Wir behandeln unseren Planeten wie eine Bank, ein Schlachtfeld, ein Reservoir an Ressourcen, die wir bis zum letzten Fisch ausbeuten können. Welche Kinder hinterlassen wir unserem Planeten und welchen Planeten hinterlassen wir unseren Kindern?

Sorgen Sie dafür, dass Sie mindestens 30 Minuten Ruhe haben, oder suchen Sie sich Spielpartner, die zusammen mit Ihnen zeichnen. Nehmen Sie (jeder) ein großes Blatt Zeichenpapier und Ihre schönsten Farbstifte und zeichnen Sie die Welt, von der Sie träumen, die Sie Ihren Nachkommen gerne hinterlassen würden:

Welche Merkmale, welche positiven Eigenschaften hat sie?
Wie verhalten sich die Menschen, die sie bewohnen?
Wie sehen Sie, spüren Sie IHRE Welt?
Welchen Geschmack, welche Gerüche gibt es?

Falls nötig, schreiben Sie einige Schlüsselbegriffe hier auf:

....

....

....

....

....

Nehmen Sie die Gefühle wahr, die beim Zeichnen in Ihnen aufkommen:

Hängen Sie die Zeichnung an einem gut sichtbaren Ort auf, damit Sie sie jeden Tag betrachten können: Das ist die Welt, die Sie gern hätten. Und wo Ihre Aufmerksamkeit hingeht, dorthin folgt auch Ihre Energie!

Seien Sie ein Kolibri und schreiben Sie hier einen Schritt auf, zu dem Sie sich aufgerufen fühlen, um dazu beizutragen, dass IHRE Welt kommt:

Beobachten Sie Ihre Gedanken, denn was wir innerlich wiederholen, wird früher oder später unsere Realität.

Bilanz unserer Intelligenz im Verhältnis zum Ganzen:

Wir sind zwar mittlerweile von Keulen zu Atomwaffen übergegangen, aber unsere Gefühle sind nicht in demselben Maße gereift wie unser Verstand.

Patrick Viveret

Die Menschheit ist hochbegabt, aber blöde!

1. Nennen Sie drei bis fünf positive Eigenschaften in der Beziehung, die Sie zu sich selbst, zu anderen und zur Natur haben:

IN DER BEZIEHUNG ZU MIR SELBST	IN DER BEZIEHUNG ZU ANDEREN	IN DER BEZIEHUNG ZUR NATUR
....	....	....
....	....	....
....	....	....
....	....	....
....	....	....

Beispiel: Ich kompostiere meine Speisereste. Genießen Sie es, sich Ihre Stärken anzuschauen, denn die eigene Schönheit zu sehen verleiht Ihnen Mut, Ihren Schattenseiten gegenüberzutreten.

2. Nennen Sie ☺ blöde ☺ Eigenschaften, die Sie bei sich erkennen.

IN DER BEZIEHUNG ZU MIR SELBST	IN DER BEZIEHUNG ZU ANDEREN	IN DER BEZIEHUNG ZUR NATUR
....	....	....
....	....	....
....	....	....
....	....	....
....	....	....

Beispiel: In einem Konflikt fällt es mir schwer, meine Grenzen zu erkennen.

Prüfen Sie diese Liste, ohne sich selbst zu verurteilen. Würden Sie sich in manchen Punkten gern ändern?

....

....

....

....

....

Verstärken wir unsere »Ausrichtung nach innen«:

In einer Welt, in der alles uns dazu treibt, uns nach außen zu wenden, in der wir mit Nachrichten bombardiert werden und zwischen einer überwältigenden Informationsvielfalt hin und her zappen – wie können wir in einer solchen Welt überhaupt noch wissen, wer wir sind und was wir wollen? Wie können wir in einer Zeit, in der es als Zeitverschwendung empfunden wird, innezuhalten und auf seinen eigenen Rhythmus zu hören, die fruchtbare innere Stille wiederherstellen?

Sehen wir einmal genauer hin: Mit all unseren Konsumexzessen – Kleidung, Nahrung, Alkohol, Drogen ... – versuchen wir, eine Form des Zur-Ruhe-Kommens zu finden: So suchen wir paradoxerweise und häufig, ohne es zu wissen, sogar in einer dröhnenden Diskothek Ruhe. Wir versuchen, dort unsere Bedürfnisse zu befriedigen – nach Zerstreuung, nach Zugehörigkeit, danach, uns abzureagieren ..., um das Gefühl, unzulänglich zu sein, in uns abzudämpfen. Und kurzfristig stimmt es tatsächlich ein bisschen: Die Befriedigung durch unmittelbare Vergnügungen lässt unsere Angst vor dem Leben und dem Tod für eine gewisse Zeit verschwinden. Doch wenig später, wenn Furcht und Mangel uns erneut bedrängen, wenn unsere Gesundheit sich verschlechtert und dieselben Ängste wieder in unseren Eingeweiden wühlen, dann finden wir uns aufs Neue verloren und hilflos wieder!

Wir meinen, wir würden die Vergnügungen dieser Welt konsumieren, und merken gar nicht, dass sie in Wirklichkeit uns konsumieren und aufzehren!

Je materialistischer wir werden, desto unzufriedener sind wir und umso häufiger verfallen wir in negative Gemütszustände: Seit 40 Jahren hat man in mehreren europäischen Ländern beobachtet, dass parallel zum Bruttoinlandsprodukt auch der Konsum von Antidepressiva steigt.

Die Abhängigkeit von verschiedenen vermeintlich tröstlichen Arten des Konsums betäubt und hypnotisiert uns, hält uns in einem Trancezustand des »immer mehr«. Außerdem macht sie uns ärmer, denn sie koppelt uns von unseren wesentlichen Bedürfnissen ab, nämlich denen, die uns, wenn sie befriedigt sind, eine dauerhafte Freude vermitteln.

Selbstlosigkeit, Uneigennützigkeit, der Kontakt zur Natur, Verbundenheit, Innerlichkeit, Teilhabe ... Unsere Gesellschaft des »Alles-in-sich-hinein-Schlingens« (Gegenstände, Reisen, Essen, Informationen ...) macht uns unersättlich, nikotinsüchtig, alkoholabhängig und zu Workaholics; sie koppelt uns vom Wesentlichen ab: von unserer Innerlichkeit, die uns – dank der aus Langsamkeit, Leere, Ruhe erwachsenden Fruchtbarkeit – hilft zu »sein«. Diese Gesellschaft treibt uns unablässig dazu, etwas zu tun. Es ist jedoch wichtig, innezuhalten, zu atmen, unsere Empfindungen, Gemütszustände zu spüren, uns unsere Gedanken bewusst zu machen ... Wer den Kontakt zu sich selbst verloren hat, nicht mehr »bei sich« ist, kann die Ausrichtung nach innen nicht entwickeln, die es ermöglicht, unser Instrument – Geist, Seele, Gehirn – zu stimmen. Damit das gelingt, müssen wir aufhören zu handeln.

Christophe André

Dadurch, dass wir immer mehr erleben und besitzen wollen, werden wir von einem Wirbel mitgerissen, der unser Leben fade macht, ohne dass wir es überhaupt merken – denn uns fehlt die Zeit zum Innehalten!

Es ist deshalb lebenswichtig für jeden, der menschlich bleiben will, sich Zeit zu nehmen und für folgende Fragen, die Philosophen so gerne stellen, in sich hineinzuhorchen:

- Wo stehe ich?
- Welche Spuren möchte ich auf meinem Weg hinterlassen?
- Was entfremdet mich von mir selbst?
- Wie finde ich wieder zu mir selbst?

Unsere Ausrichtung nach innen, unsere »Innerlichkeit« entwickeln heißt, den Weg des »BE ➡ DO ➡ HAVE« (sei, tue, besitze) zu wählen, nicht die Bequemlichkeit des »HAVE ➡ DO ➡ BE« (besitze, tue, sei). Sie führt zu einer zuverlässigen Freude, weil sie ihren Ursprung in uns selbst hat und anschließend nach außen strahlt.

> **Ich habe so viel Arbeit, dass ich nicht auskomme, ohne täglich mindestens drei Stunden meiner besten Zeit dem Gebet zu widmen,**
>
> hat Martin Luther gesagt.

Es ist sinnvoll, dass jeder seinen eigenen Weg findet, um sich zu konzentrieren. Vor diesem Hintergrund hier einige Strategien, die Ihnen dabei helfen können:

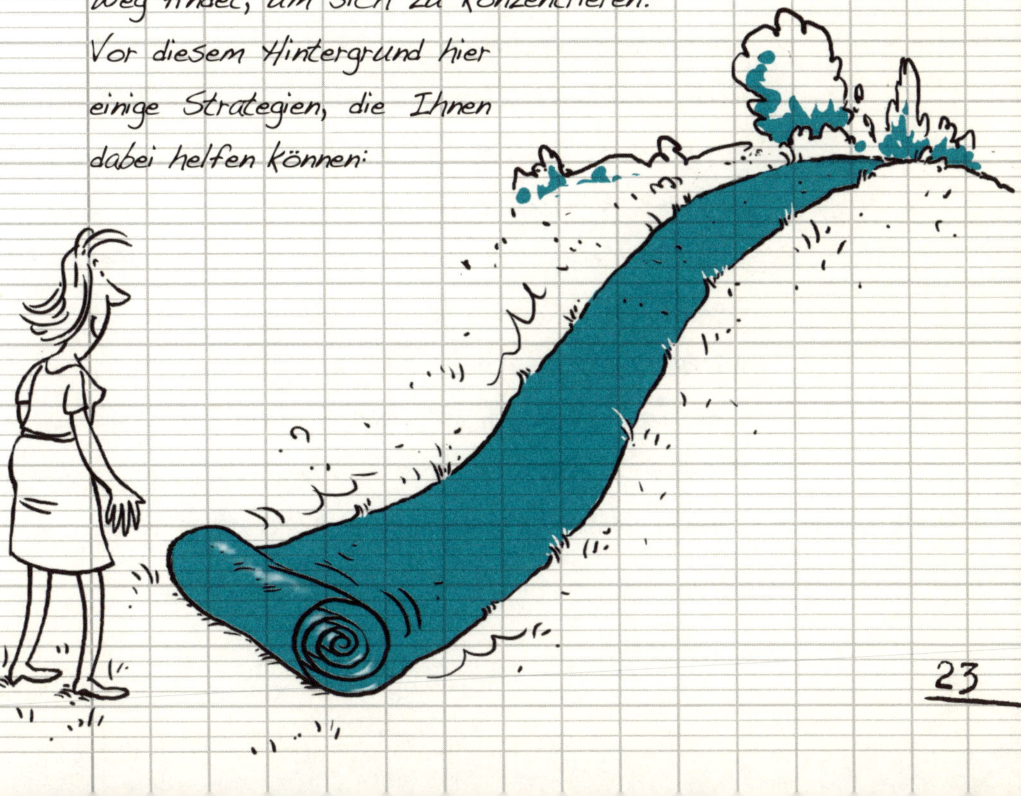

Hilfsmittel, um in sich zu gehen, zum Beispiel ...

1) **unseres Atems gewahr werden** und ihn mit unseren fünf Sinnen wahrnehmen: fühlen, wie die Luft durch die Nase strömt, hören, wie die Luft in die Luftröhre und die Bronchien dringt, wahrnehmen, wie Bauch und Brustkorb sich bewegen. Allein durch das einfache Beobachten des Atems können wir zu einem Zustand des inneren Friedens gelangen. Unser Atem ist eine Brücke, die unseren Körper mit dem tiefen Wesen in uns selbst in Verbindung bringt und uns zur Ruhe führt.

2) **Herzkohärenz:** Bei dieser Art, langsam und tief zu atmen, stellt man sich vor, dass die Luft durch das Herz ein- und austritt (dafür eine ganze Atmung in 10 Sekunden ausführen, ausgehend vom Brustbein, ganz leicht links davon). Gleichzeitig ruft man sich eine angenehme Erinnerung ins Bewusstsein oder denkt an irgendetwas, das man mag. Herzkohärenz kann uns in einen Zustand der Harmonie versetzen, physiologisch und psychisch. Abgesehen davon, dass sie den Blick nach innen unterstützt, wirkt regelmäßiges Ausüben dieser Praxis auch gegen Depressionen, Stress, Müdigkeit und Angst. Dieser **vierfache** Effekt kann potenziell dasselbe bewirken wie Schlafmittel und Antidepressiva, ist jedoch nicht mit Nebenwirkungen verbunden ... Diese Art zu atmen regt auch unser Immunsystem, unsere Kreativität und unsere Konzentration an.

Tief in die Natur eintauchen, sich ihr ganz hingeben und von ihr neu beleben und in Staunen versetzen lassen. Dankbarkeit empfinden für das, was sie uns schenkt. Sich an den majestätischen Bäumen, den üppigen Frühlingsblumen, am Geschmack von Obst und Gemüse, am Duft von frisch geschnittenem Gras erfreuen ...

Sich Zeit nehmen, seine angenehmen Stimmungen **wahrzunehmen, sie zu erkennen und zu genießen.** Glück ist Wohlbefinden, dessen man sich bewusst ist – und dieses Bewusstsein muss man kultivieren!

Sich Momente der Entspannung und Erholung zubilligen: Die Natur muss brachliegen, um sich zu regenerieren, und dasselbe gilt auch für unseren Körper und unsere Psyche.

Mit liebevoller Zuwendung unangenehme Gefühle registrieren, wenn sie aufkommen, in dem Bewusstsein, dass schon allein die Tatsache, Gefühle wahr- und anzunehmen, emotionale Anspannung verringert, während alles, wogegen man sich wehrt, weiterbesteht.*

Sich seine trüben Ideen und negativen Gefühle bewusst machen, um sie in Handlungspotenzial umzuwandeln. Dafür sollte man wissen, dass **negative Gedanken und unangenehme Gemütszustände uns entweder dann erfassen, wenn wir unerfüllte Bedürfnisse haben oder wenn wir uns von bestimmten Bedürfnissen abkoppeln.** Wenn wir dank unserer »Innenschau« das, was in uns vorgeht, und unsere unerfüllten Bedürfnisse aufspüren, dann können wir aus unserer trüben Gemütslage heraustreten, indem wir Mittel zur Befriedigung dieser Bedürfnisse suchen.*

Wählen Sie unter den oben genannten Vorschlägen diejenigen aus, die Sie inspirieren, und vervollständigen Sie sie hier durch Ihre eigenen Arten, in sich hineinzuhorchen und sich selbst zu erkennen.

....

....

....

Unterbrechen Sie Ihre Lektüre, um eine Minute – oder auch mehr, wenn Sie wollen – den Blick nach innen zu wenden!

* Die beiden letzten Themen werden im Heft »Selbstliebe« detailliert erläutert.

2) Uns unserer gegenseitigen Abhängigkeit bewusst werden – solidarisch, fürsorglich und entgegenkommend sein

> **Willst du schnell vorankommen, dann geh allein, willst du weit kommen, dann geh mit anderen.**
>
> Afrikanisches Sprichwort

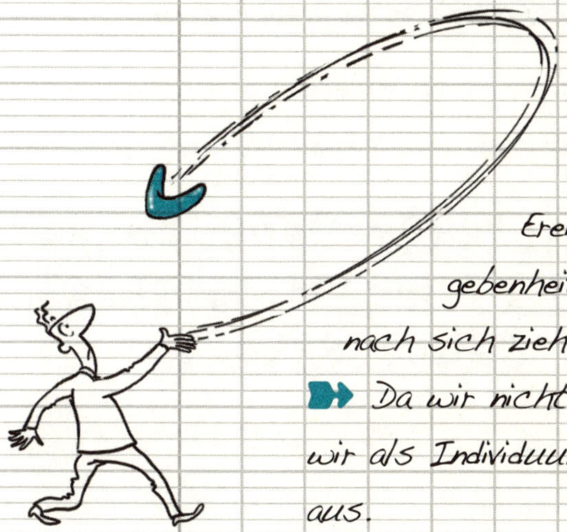

Ob wir wollen oder nicht, die Interdependenz (also die wechselseitigen Abhängigkeiten zwischen Ereignissen oder Individuen) ist eine Gegebenheit, die schwerwiegende Konsequenzen nach sich zieht:

- Da wir nicht getrennt sind, wirkt sich alles, was wir als Individuum tun, auf alles Lebendige insgesamt aus.
- Interdependenz bzw. wechselseitige Verflechtung hat jedoch auch einen schönen Vorteil, der allzu oft vernachlässigt wird: Dadurch, dass wir uns zusammenschließen, erzielen wir bessere Ergebnisse als jeder für sich allein, wie etwa die Physik zeigt. So können zum Beispiel zwei aneinander befestigte Holzbretter zusammen ein sehr viel größeres Gewicht tragen als die Summe der Gewichte, die jedes einzelne Brett tragen kann.

All unsere Fähigkeiten zusammengenommen wirken also Wunder.

Wir sollten durch unser reiches Inneres lernen, intelligent mit unseren Ressourcen umzugehen, das heißt, in Verbundenheit mit anderen. Wir müssen heutzutage zu einem guten Umgang mit der Endlichkeit der Welt finden, indem wir die Schönheit unseres Herzens ins Unendliche weiterentwickeln.

Ohne die Natur, die Erde und die anderen Lebewesen können wir nicht existieren. Wir haben eine grundlegende Aufgabe:

IN GEMEINSCHAFTLICHER VERBUNDENHEIT RESPEKTVOLL MIT ALLEM UMGEHEN, WAS DAS GANZE BILDET.

Von der Unabhängigkeit oder sogar dem Individualismus zur wechselseitigen Verflechtung überzugehen und Werte der gegenseitigen Hilfe und des Teilhabens zu verkörpern heißt, die überholte Vorstellung des »jeder für sich« aufzugeben und zu folgender Weisheit zu gelangen: »Ich gewinne nicht, wenn ich allein oder auf Kosten eines anderen gewinne.«

Vom Ich zum Wir überzugehen ist nicht gleichbedeutend mit einem Rückschritt, im Gegenteil: Es ist eine Art des Fortschreitens, die viel Freude bringt. Wie bei einem Orchester, bei dem die einzelnen Instrumente erst einmal gestimmt werden müssen, bevor sie im gemeinschaftlichen Spiel zusammenklingen, können daraus gegenseitige Unterstützung und Beständigkeit erwachsen, die stets gewährleistet sind.

Es ist nicht leicht, sich gut zu verstehen, sich auf den Rhythmus oder die Visionen der anderen einzustimmen, die eigenen Gewohnheiten zu ändern – doch unser Leben, DAS Leben, ist es unbedingt wert.

Und wie anders könnten wir an die Sache herangehen als mit einem entsprechenden Entschluss?
Schreiben Sie eine Tat Ihres Kolibri-Anteils auf, mit der Sie sich in die Richtung einer solidarischen Handlung bewegen. Es sollte eine einfache Handlung sein – KGNM oder **K**leiner **G**eht's **N**icht **M**ehr –, damit daraus leicht ein KSB wird: der **K**leinste **S**chritt, den man **B**eibehält!

....

....

....

Welche Ihrer Bedürfnisse befriedigt diese Handlung?

....

....

Welche Bedürfnisse der anderen Person könnte sie Ihrer Meinung nach erfüllen?

....

....

....

....

Vorschläge: Bedürfnis, etwas beizutragen, Hilfe zu leisten, etwas zu geben, Bedürfnis nach Zugehörigkeit, Solidarität, danach, etwas Gutes zu tun, nach innerem Frieden, nach Gelassenheit, Freude, nach Unterstützung, danach, jemandem Freude zu bereiten ...

Wiederholen Sie die Handlung drei Tage lang täglich und ziehen Sie dann Bilanz, wie sie sich auf Ihr Leben auswirkt. Die Chancen stehen gut, dass Ihnen Ihr Verhalten genauso guttut wie der Person oder der Sache, der Sie sich angenommen haben. Denn, wie Pierre zu sagen pflegt: **»Lieben ist eine heilende Energie. Empathie und Liebe haben nichts Kitschiges an sich, es sind tiefgehende Schwingungen, die Menschen durchaus entwickeln können und von denen eine enorme Energie ausgeht, die die Welt heutzutage braucht.«**

Sprechen wir nun über Wohlwollen und Entgegenkommen, den tief im Menschen verankerten Wunsch, Gutes zu tun. Wohlwollen ist Liebe in Aktion, manifestierte Güte. Es hat die Macht, sowohl das Herz der Person wieder zu erwärmen, die es gibt, als auch das Herz des Menschen, der es empfängt.

Denken Sie an einen Moment, der noch nicht lange zurückliegt, in dem Sie sich einem Menschen liebevoll zugewandt haben. Erinnern Sie sich daran, was geschah. Wie fühlen Sie sich, wenn Sie sich die Situation wieder in Erinnerung rufen?

....

....

....

Verleiht Ihnen das den nötigen Elan, noch mehr zu tun?

Haben Sie das gewusst?

Seit 15 Jahren haben die Vereinigten Staaten in ihren Oberschulprogrammen **das Service Learning** eingeführt: Für ihren Abschluss sollen die Schüler sich ehrenamtlich betätigen, indem sie entweder Menschen in einer schwierigen Lage helfen oder zum Allgemeinwohl beitragen. Nach dieser Erfahrung berichten die Schüler häufig, die Erfahrung des solidarischen Einsatzes und der Zusammenarbeit für das Wohl der Gesellschaft habe ihr Leben verändert und ihrem Dasein einen Sinn verliehen. Derzeit verbreitet sich dieser Gedanke in anderen Ländern der Welt und es bleibt zu hoffen, dass er es zukünftigen Generationen ermöglicht, sich umzuorientieren: hin zu einer wohlwollenden Fürsorge für andere und zum Kreieren eines sozialen Netzes, weg vom bisherigen zaghaften, ängstlichen Individualismus.

Markieren Sie von den folgenden Sätzen alle, denen Sie zustimmen:

- Entweder wir lernen, als Brüder und Schwestern zusammenzuleben, oder wir sterben getrennt als Dummköpfe.

Martin Luther King

- Denke daran, wenn du diese Erde verlässt, dann kannst du nichts mitnehmen als das, was du gegeben hast.

Franz von Assisi

- Wozu ist das, was du bist, denn gut, wenn es nicht zu einer besseren Welt beiträgt?
- Das Humanitäre ist ein Behelfsmittel für unseren Mangel an Menschlichkeit.
- Wir verhalten uns wie pyromanische Feuerwehrleute.

Und um das Thema Verbundenheit und Solidarität abzuschließen, hier die Fortsetzung der Abenteuer des kleinen Kolibris:

Viele Male eilte er zwischen den Flammen und der Stelle, wo er das Wasser schöpfte, hin und her und flog dabei sogar mehrmals über das verblüffte Nashorn hinweg ...

Als er wieder einmal über dem Flammenmeer angelangt war, wurde der Kolibri von einem Windstoß überrascht, der eine Rauchwolke fortblies, sodass der Blick auf den Boden frei wurde. So konnte der Kolibri die Stelle, an der er seinen Wassertropfen fallen lassen wollte, gezielter aussuchen. Da bemerkte er einen Regenwurm – eigentlich eine seiner Lieblingsspeisen –, der so von den Flammen umzingelt war, dass offensichtlich sein letztes Stündlein geschlagen hatte. Von Mitgefühl erfasst, öffnete der Kolibri seinen Schnabel und gab den Inhalt über dem Wurm frei, dem dieser unerwartete frische Tropfen Linderung verschaffte. Wenig später kam er zwar trotzdem im Feuer um, doch der Legende zufolge hat dieser Akt der Verbundenheit im Moment seiner Qual wirklich etwas bewirkt: Jemand hatte sich seiner angenommen!

3) Lebensfreude, Staunen und Dankbarkeit kultivieren

In unseren Breiten hat zwar jeder die Möglichkeit, sich Vergnügungen zu gönnen, doch echte Freude ist ein seltenes Gut, das es nirgendwo zu kaufen gibt. Wenn man ein solches Ausmaß an Freude gefunden hat, kann man das Leben nicht mehr als eine Ware betrachten, die man unbedingt an sich reißen muss. … Glück ist jener innere Widerhall, der mit der Ordnung des Universums in Harmonie schwingt.

Zeichnen oder beschreiben Sie hier Ihr Bild vom Glück
(nicht zu verwechseln mit Vergnügen!)
Damit Sie es genauer beschreiben können, fragen Sie sich: »Wenn ich nur noch ein paar Wochen zu leben hätte, was würde ich gern noch tun, ausprobieren, was meinen Angehörigen oder dem Planeten geben?«
Schauen Sie, ob Sie in Ihren Antworten von nun an etwas Konkretes in diesem Sinne unternehmen können. (Unterscheiden Sie mit klarem Blick, aber ohne Schuldgefühle zwischen kurzfristiger Befriedigung oder Vergnügungen und langfristigem Glück.)

....

....

....

....

....

Mein Glück

Markieren Sie die Vorstellungen, die für Sie eine Quelle wahrer Freude sind, und streichen Sie diejenigen durch, die Sie für nicht erstrebenswert halten, weil sie nur süchtig nach immer mehr machen:

Meinen Kindern eine gute Ausbildung bieten,
Geld nach Belieben ausgeben, meine Gelüste befriedigen,
die Natur genießen, mich künstlerisch oder sportlich betätigen,
mich zerstreuen, lesen, reisen, Elend lindern,
in einem Sektor arbeiten, der mir gefällt,
in einem friedlichen Land leben, lernen, helfen,
Liebe geben und empfangen, Freundschaft mit mir selbst schließen,
meine Gesundheit und die meiner Angehörigen bewahren,
Besitz anhäufen …

Vervollständigen Sie diese Liste nach Belieben, sowohl mit den Dingen, die Ihnen Befriedigung verschaffen, wie auch mit denen, die echtes Glück hervorrufen. Zu akzeptieren, dass man sich selbst so sieht, wie man ist, ist der erste Schritt der Veränderung – und durchaus nicht der bequemste!

....

....

....

Wenn Sie Ihre Auswahl lesen: Sind Sie dabei, sich von einem materialistischen, nur an momentanem Genuss orientierten Laufband befördern zu lassen, oder schlagen Sie einen Weg ein, der gegen den Strom verläuft und Sie vom Kult des Besitzes zu dem der Verbundenheit führt?

In welchem der drei folgenden Modi befinden Sie sich tendenziell?

Wenn ich … wäre **Wenn ich … hätte**
Wenn ich … täte

- Wenn Sie viel im Modus »**Wenn ich … wäre**« sind, dann hängt Ihr Wohlbefinden von Ihnen und Ihren Eigenschaften »des Seins« ab bzw. davon, wie Sie sind. Sie können daher die Umstände, die bewirken, dass es Ihnen gut geht, stark beeinflussen.
- Wenn Sie viel im Modus »**Wenn ich … hätte**« sind, hängt es von Ihrem Besitz bzw. von äußeren Dingen ab, ob es Ihnen gut geht. Insofern haben Sie selbst nur wenig und keinen zuverlässigen Einfluss auf das, was zu Ihrem Wohlbefinden beiträgt.
- Wenn Sie viel im Modus »**Wenn ich … täte**« sind, dann hängt Ihr Wohlbefinden von Ihrem Handeln ab und Sie können die Dinge, die bewirken, dass es Ihnen gut geht, beeinflussen. Seien Sie sich trotzdem dessen bewusst, dass dieser Einfluss an das, was Sie tun, geknüpft ist, und dass es Situationen gibt, in denen Ihr Handlungsspielraum begrenzt ist. Insofern ist es sinnvoll, auch über Eigenschaften des Seins zu verfügen.

> **Glück, das von äußeren Umständen abhängt, ist flüchtig, denn seine Ursache kann uns jederzeit genommen werden.**
>
> Deepak Chopra

Unsere Freude hängt davon ab, wie weit wir zulassen können, dass wir innere Momente der Freude erleben. Damit das gelingt, gibt es zwei Talente, die wir wie Muskeln entwickeln können: Staunen und Dankbarkeit.

Heutzutage überschüttet uns die Werbung mit verlogenen Botschaften, die uns vorgaukeln, das Anhäufen von immer mehr Besitztümern bringe uns Freude. Die können wir in Wirklichkeit aber nur durch das **Sein** erleben. Die Werbebotschaften führen dazu, dass wir schleichend Gefangene eines Systems werden, das auf Produktion – Konsum – Tröstung beruht und uns daran hindert, Zugang zu wahrer Lebensfreude zu finden.

DER KERN DES PROBLEMS LIEGT DARIN, DASS WIR NICHT MEHR IN DER LAGE SIND, ZU GENIESSEN. UND WENN DAS ENTZÜCKTE STAUNEN SICH VERLIERT, LÖST SICH AUCH DIE FREUDE IN LUFT AUF!

Kennen Sie das folgende Experiment, das in Washington durchgeführt wurde?

Joshua Bell, einer der größten Violonisten unserer Zeit, wurde gebeten, am Tag, nachdem er ein Konzert vor ausverkauftem Haus gegeben hatte, in der U-Bahn als »Bettler« Geige zu spielen. Der Künstler spielte etwa 45 Minuten inkognito, zu einer Zeit, als die U-Bahn sehr voll war. Zahlreiche Fahrgäste liefen eilig und in Gedanken schon bei ihren kommenden Aktivitäten an ihm vorüber, ohne dass seine große Virtuosität sie im Mindesten berührte. Bestenfalls warfen einige ihm achtlos ein paar Cent hin. Und nur sieben Personen blieben stehen, um ihm zuzuhören, darunter ein dreijähriges Kind und seine Mutter ...

Wie wäre es, wenn wir zur Steigerung unserer Fähigkeit zu staunen ein Tagebuch beginnen? In ihm können wir unserer Dankbarkeit Ausdruck verleihen und der Tatsache, dass wir uns all der schönen Dinge bewusst sind, die uns umgeben.

Denken Sie an drei Bestandteile Ihres Lebens, die Sie glücklich machen, und spüren Sie Ihre Dankbarkeit oder Ihr Staunen. Definieren Sie, warum genau Sie glücklich oder dankbar sind, indem Sie hier Ihre unerfüllten Bedürfnisse aufschreiben:

Bsp.: Jemanden in den Arm zu nehmen befriedigt meine Bedürfnisse nach Zuwendung, nach Gemeinsamkeit …
Dass ich bei mir eine heiße Dusche nehmen kann und Trinkwasser habe, befriedigt meine Bedürfnisse nach Komfort und Gesundheit.
Meine Haushaltsabfälle sortieren zu können erfüllt mein Bedürfnis, die Naturschätze dieser Welt zu bewahren.

....

....

....

....

....

....

....

Wenn Sie Ihre Dankbarkeit für das, was das Leben Ihnen schenkt, stärken wollen, ist es sehr wirkungsvoll, die folgenden drei Schritte zu durchlaufen, die in der Gewaltfreien Kommunikation® gelehrt werden:

1) Beobachten und beschreiben Sie ein Ereignis, das Ihnen gefallen hat.

2) Machen Sie sich die Gefühle, die Sie in Bezug auf die Situation empfinden, bewusst, äußern Sie sie und VOR ALLEM: Nehmen Sie sich die Zeit, sie wirklich zu spüren.

3) Nennen Sie die erfüllten Bedürfnisse, die an der Wurzel Ihres Gefühls liegen.

Falls das, was Sie aufgeschrieben haben, eine bestimmte Person betrifft, könnten Sie sie aufsuchen und ihr sagen, wie dankbar Sie ihr sind.
Diese Art, das, was Ihnen gutgetan hat, zu erkennen bzw. zu benennen, erhöht Ihre GLW: die **Grenzenlose Leidenschaft für das Wohlwollen …**

Liegt nicht der Kern unserer Lebensfreude in der Kunst, das Leben zu genießen und dabei gleichzeitig so zu handeln, dass dieses Leben geschützt wird? Haben Sie sich schon einmal Zeit genommen, einen simplen Kugelschreiber zu bewundern, einen Kamm, ein Stück Seife oder einen Löffel? Die meisten Leser dieses Übungshefts werden vom Leben vergleichsweise großzügig behandelt, doch wir haben uns so daran gewöhnt, dass wir vergessen, solch eine Gnade zu genießen. Wir sollten nicht warten, bis uns etwas genommen wird, um das Privileg zu schätzen, dass wir es haben durften! Wenn wir angesichts der Vielfalt der Geschenke des Lebens ins Schwärmen geraten, hilft uns das, unsere sorgenerfüllten Albträume in eine Schlaflosigkeit der Freude zu verwandeln. Staunen ist ein echter spiritueller Weg, den man am besten dann zu praktizieren beginnt, wenn alles gut läuft – so kann man problemlos darauf zurückgreifen, wenn man etwaige Stürme durchqueren muss.

Quiz über das Glück, inspiriert von Jeremy Rifkin

1. Von dem Punkt an, an dem meine Grundbedürfnisse erfüllt sind, ist mein Glück stärker von dem abhängig, was ich bin, als von dem, was ich besitze.
   ❑ **stimmt** ❑ **stimmt nicht**
2. Je mehr Besitz man anhäuft, umso besser geht es einem.
   ❑ **stimmt** ❑ **stimmt nicht**
3. Menschen, deren Hauptmotivation Geld, ihr Image und Berühmtheit sind, haben mehr Krankheiten und Depressionen als diejenigen, die sich weniger um diese Aspekte kümmern.
   ❑ **stimmt** ❑ **stimmt nicht**
4. Geld macht glücklich.
   ❑ **stimmt** ❑ **stimmt nicht**
5. Sobald ein Mindestniveau des wirtschaftlichen Wohlstands erreicht ist, machen zusätzliche Gewinne weniger glücklich und setzen die Betreffenden Angst, Depressionen etc. aus.
   ❑ **stimmt** ❑ **stimmt nicht**
6. Je materialistischer die Werte eines Menschen sind, umso mehr nimmt seine Lebensqualität ab.
   ❑ **stimmt** ❑ **stimmt nicht**
7. Wenn jemand reich wird, verringert sein Streben nach immer mehr Besitz ab einer bestimmten Schwelle seine Empathie für andere und macht ihn weniger glücklich.
   ❑ **stimmt** ❑ **stimmt nicht**

»Stimmt«: Antwort 1, 3, 5, 6, 7;
»Stimmt nicht«: Antwort 2, 4

4) Die Schönheit der Natur und der Welt hegen und bewahren

➡ Eines hat der Mensch, festgefahren in einem System der Produktivität, offenbar vergessen: Die Erde ist LEBENDIG! Sie ist ein vollwertiger Organismus. Dank der Arbeit einer Menge von Mikroorganismen – Regenwürmer und anderer Würmer – bildet sie Substanzen, die lebensfördernd sind ... Diese Substanzen wandern dann über die Zwischenstufe der Pflanzen, die eine regelrechte Nabelschnur von Mutter Erde zu unserem Körper bilden, in unseren Magen ... Es liegt also auf der Hand, dass die giftigen Produkte, mit denen wir die Böden sättigen, sich früher oder später auf unserem Teller wiederfinden. Seit Jahrzehnten haben wir unsere Felder auf ein Substrat für chemische Düngemittel reduziert, betrachten Tiere als Proteinmaschinen und behandeln uns selbst wie Roboter.

Obwohl wir also Kinder der Natur sind und von ihr alle Mittel erhalten, um glücklich zu sein, richten wir diese Mittel gegen uns selbst. Indem wir gegen die Natur handeln, tragen wir zu unserem eigenen Aussterben bei. So bestätigen neuere Statistiken, dass drei Viertel der Krebserkrankungen eng damit zusammenhängen, wie wir unsere Umwelt zerstören ... (s. dazu insbesondere die Publikationen von Prof. Jean-François Narbonne, Toxikologie, Université de Bordeaux).

Die Menschheit ist so von sich eingenommen, dass sie sich für unbesiegbar hält und sich selbst zur Krone der Schöpfung erklärt hat, allen anderen überlegen! Haben wir aber die Wale überhaupt nach ihrer Meinung dazu gefragt?

Es ist höchste Zeit, dass wir gemeinsam eine Zivilisation der Ethik, der Schönheit und der Mäßigung schaffen. Nur wenn wir in unserem täglichen Handeln bewusster werden, können wir und unser Planet gesünder werden – körperlich und seelisch. Es geht keinesfalls darum, wieder ins Zeitalter der Kerzen zurückzukehren, sondern wir müssen einfach unsere Bedürfnisse an die Realität der Ressourcen, die der Welt zur Verfügung stehen, anpassen.

Ökologie, Zuneigung zur Erde und den Menschen bedeutet, das zu kultivieren, was uns innerlich berührt und beflügelt: die Schönheit des Lebens, das Wesen der Dinge. Einem Baum wohnt eine Schönheit inne, die über das rein Pflanzliche hinausgeht.

Lässt dieser letzte Satz etwas in Ihnen anklingen?
Was macht Ihrer Meinung nach das Majestätische eines Baumes aus?

....

....

....

....

....

....

....

....

....

....

Kleine Erholungspause:

Pierre würde gerne als Sioux-Indianer wiedergeboren werden, weil dieses Volk ein einfaches Leben führt und sich nur das nimmt, was es zum Leben braucht.

Und Sie? Als was würden Sie gerne wiedergeboren, wenn Sie auf diesen Planeten zurückkehren sollten, und warum?

....

....

....

....

....

....

....

....

....

Machen wir nun weiter mit unseren Überlegungen:
Was denken Sie über den folgenden Teufelskreis?

Weniger Natur ➡ weniger Verbundenheit mit der Natur ➡ mehr Depressionen ➡ mehr Zerstörung ➡ noch weniger Natur ...

Rufen wir uns abschließend in Erinnerung, dass jeder lebendige Organismus stirbt, wenn er über eine gewisse Zeit seine Grundbedürfnisse (Essen, Trinken, Schlafen, Atmen und Ausscheiden) nicht befriedigen kann. Und wie wir bereits gesagt haben: Die Erde ist lebendig. Wir aber bringen sie um ihre Ruhe, zwingen ihr Intensivkulturen auf und gönnen ihr kein Brachliegen. Wir holzen massiv ihre Wälder ab, was ihr täglich einen Teil ihrer Lunge amputiert. Wir verschmutzen ihre Kreislaufsysteme (Seen, Ozeane, Flüsse und Bäche) mit Plastik, Benzin, Pestiziden und allen möglichen Düngemitteln. Die Bodensubstanz wiederum verhärtet sich unter dem Einfluss zahlreicher Schadstoffe und regeneriert sich nicht mehr richtig. Das Wasser, mit dem die Erde eigentlich getränkt werden sollte, kann sie nicht mehr durchdringen, mit Feuchtigkeit versorgen, reinigen. Schließlich ist die Biosphäre überfüllt mit unserem Müll und kann die Abfälle, die wir fortwerfen, nicht mehr abbauen. Was schließen wir daraus, wenn wir unseren gesunden Menschenverstand benutzen?

Teresa von Ávila hat einmal gesagt: »Sei freundlich zu deinem Leib, damit deine Seele Lust hat, darin zu wohnen.« Es wäre sinnvoll, diesen Ausspruch zu ergänzen und hinzuzufügen: »Sei freundlich zur Erde, damit sie Lust hat, dich zu behalten.«

5) Das Leben vereinfachen, indem wir unsere materiellen Bedürfnisse zurückschrauben

Unser Leben dadurch zu vereinfachen, dass wir unseren Besitz verringern und weniger konsumieren, bringt uns Zeitgewinn und macht andere glücklich, zum Beispiel dann, wenn wir geben. So versorgen wir unser Leben wieder mit Sauerstoff.
Das Problem der sogenannten **entwickelten** Länder liegt in unserer Ideologie des Anhäufens. Diese Ideologie hat ihren Ursprung darin, dass wir Glück und Bereicherung miteinander verwechseln. Der Materialismus unserer Breiten entfernt uns auf perfide Weise von der Quelle wahren Glücks – er trägt allenfalls ein wenig dazu bei, dass wir dieses Glück leichter entbehren können.

»Haben« vermittelt uns fälschlicherweise die Illusion, dass uns Freuden bevorstünden, die eigentlich ausschließlich in unserer Fähigkeit **zu sein** *ihren Ursprung haben.*

So verkündet eine französische Werbung sogar:

»Rohmilch-Camembert – der Geschmack des Echten!«

Glaubt man dieser Botschaft, dann genießen wir die süßen Freuden der tiefen Wahrheit einfach dadurch, dass wir Käse essen …

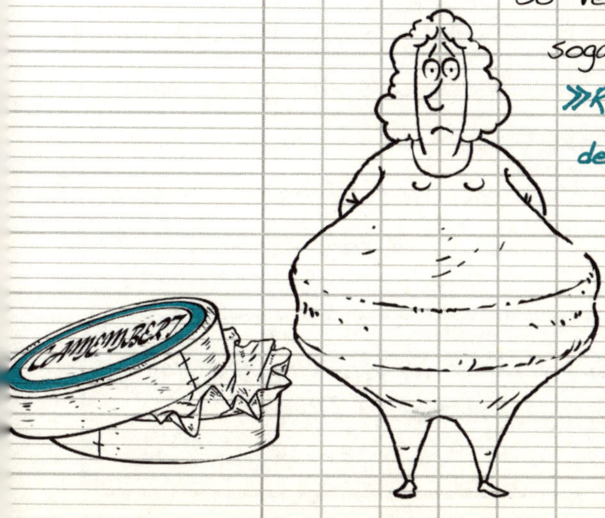

Der Dalai Lama hat einmal festgestellt, dass wir unser Leben damit zubringen, uns krank zu machen, um Geld zu verdienen, das wir hinterher wieder für unsere Heilung ausgeben!
Es käme uns so sehr zugute, wenn wir die Fähigkeit entwickelten, uns um zwischenmenschlichen Beziehungen – eine unbegrenzte Ressource – zu kümmern, statt um unsere Besitztümer, deren hemmungsloser Konsum uns doch nie wirklich zufriedenstellt und die zweifellos begrenzt sind.
Die Felder potenziellen Wachstums innerhalb unserer menschlichen (nachbarschaftlichen, freundschaftlichen, familiären, Verbands- etc.) Beziehungen sind zwar groß und weit, doch wir haben nie gelernt, sie zu beackern! Und dennoch sprechen diejenigen, die es wirklich wissen müssen, an ihrem letzten Tag immer nur von der Liebe, die sie austauschen durften, und von dem Glück, das ihnen dadurch zuteilwurde.
Wie viel mehr Zeit könnten wir mit unseren Kindern, unseren Enkeln in dem Bewusstsein verbringen, dass zwar die Arbeit endlos ist, nicht aber die Kindheit. Ebenso könnten wir uns künstlerisch betätigen, die Pflanzenwelt entdecken, lernen, wie man gärtnert, liest, schreibt; lernen, uns entspannen, ohne dabei die Umwelt zu verschmutzen oder zu kaufen und um die Wette zu reisen, um uns zu zerstreuen und zu amüsieren ...

Am Ende der Welt und hinten im Garten findet sich dieselbe Menge wunderbarer Dinge.

Christian Bobin

Jegliches nicht unbedingt notwendige Konsumieren trägt den Samen des Todes in sich. Durch unsere räuberische Lebensweise nehmen wir den Tod von Tieren, Bäumen, Flüssen und Fischen in Kauf, von Völkern, die sich bekriegen und hungern müssen ... Das Leben ist heilig und wir zerstören es. Zu Recht versuchen wir dafür zu sorgen, dass alle Kinder, die zur Welt kommen, leben können – und dennoch müssen viele von ihnen von Geburt an mit dem Tod ringen.

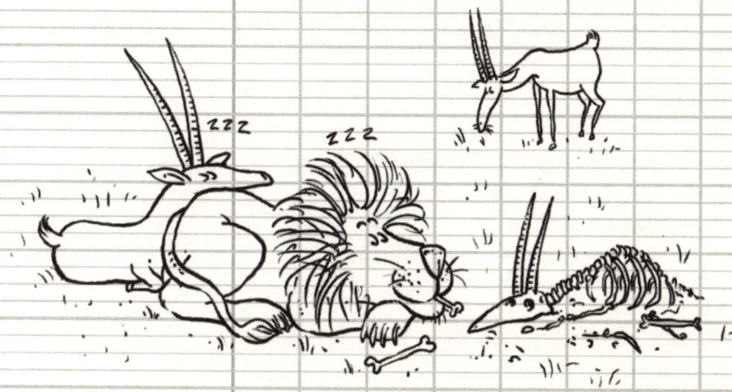

Ein Löwe hat keine Antilopenbank und auch kein Lager. Wenn er satt ist, trinkt er neben den Antilopen, ohne sie zu beachten!

Also: Was sind Ihre »Banken«?

Achtung: Nehmen Sie das Folgende als SPIEL!

Bewerten Sie, ohne sich selbst zu verurteilen, die folgenden Konsumarten auf einer Skala von 1 bis 5, je nachdem, wie schwer es Ihnen fällt, ohne die betreffende Sache auszukommen:

Ersparnisse ☐ Versicherungen ☐ Kleidung für alle Gelegenheiten ☐
Gefüllte Vorratsschränke ☐ Zigaretten ☐ Drogen ☐ Alkohol ☐
Psychopharmaka ☐ Schokolade oder Süßigkeiten ☐ Zerstreuungen ☐
Sammlungen bestimmter Gegenstände ☐ Pkw ☐ Reisen ☐ Internet ☐
Fernsehen ☐ Kosmetika/Mittel zur Körperpflege ☐
Kauf »angesagter« Dinge ☐ Heizen nach Herzenslust ☐
beliebig viele heiße Vollbäder ☐ Zweitwohnsitz(e) ☐

Vervollständigen Sie die Liste, falls nötig! … ☐ …

Wenn Sie die Übung gemacht haben, dann gratulieren Sie sich zu Ihrem Mut, sich selbst offen gegenüberzutreten.

Markieren Sie in dem oben Angegebenen folgende Einträge gelb:

- Was Ihnen schadet (z.B. Fastfood) wie auch dem Planeten, Ihren Beziehungen etc.
- Was Sie blockiert und »überhäuft« (z.B. Sammlungen);
- Was Sie beengt und abhängig macht (z.B. DAS neueste Kleidungsstück nach dem letzten Schrei)

Kreisen Sie anschließend das ein, was dazu beiträgt, Ihre Ängste und Ihren Stress zu kaschieren oder eine innere Leere zu überdecken. Meinen Sie, dass diese Strategien Ihnen auf lange Sicht wirksam inneren Frieden verschaffen können?

....

....

Von welchen Konsumobjekten sind Sie enttäuscht, weil Sie Ihnen nicht den erhofften Genuss bescheren? Fragen Sie sich, welche Dinge Sie bereit sind zu reduzieren und warum.

....

....

EINFACHHEIT IST SCHÖN UND ELEGANT! EIN GOURMET SCHMECKT MEHR ALS EIN GIERIGER SCHLEMMER!

Unbekannter Autor

Malen Sie diese Sätze farbig aus, wenn Sie sich davon angesprochen fühlen.

Wissen Sie es? Denken Sie daran? Hier eine Mischung aus Freudenrufen, Alarmglocken und Vorstellungen des gesunden Menschenverstands …

1. Würde jeder von uns wie ein Mitteleuropäer leben, bräuchten wir 3,5 Planeten. Und wenn wir alle einen Lebensstil hätten wie die Amerikaner, bräuchten wir sieben!

2. Erdwärme, Solaranlagen und Wasserkraftwerke, Windkraftanlagen, Biomasse- und Biogas- bzw. Methananlagen sind Energiequellen, die ihren Nutzen unter Beweis stellen, ohne uns den Risiken der Atomkraft und des Klimawandels auszusetzen. In Deutschland wurde im Juli 2012 der stufenweise Ausstieg aus der Atomkraft bis zum Jahr 2022 beschlossen.

3. In Frankreich ist gesetzlich geregelt, dass jegliche Lichtreklame und Leuchtreklameschilder nachts zwischen 1 und 6 Uhr ausgeschaltet werden müssen.

4. Meditation setzt das Glückshormon Serotonin in unserem Körper frei und trägt dadurch dazu bei, uns auf ökologische Weise glücklich zu machen. Diese innere heitere Gelassenheit stellen wir selbst her – sie ist also nicht von einer Reise in die Südsee oder einem edlen Dinner in einem Sterne-Restaurant abhängig.

5. Selbstmord ist die häufigste Todesursache bei Jugendlichen.

6. **Kulturell Kreative** oder **Kulturschöpferische** bilden eine Gruppe von Individuen, die sich an folgenden Werten orientieren: Öffnung gegenüber weiblichen Werten, gesellschaftliches Engagement, Respekt ökologischer Werte und persönliche Entwicklung mit besonderem Interesse für neue Formen der Spiritualität. Die Grundidee ist: **Erkenne dich selbst, wenn du auf die Welt einwirken willst.** Diese Leute möchten die Menschlichkeit wieder ins Zentrum der Gesellschaft stellen, wenden sich gegen Umweltzerstörung und suchen nach Lösungen für soziale Probleme. Ein auffälliges Merkmal dieser Gruppe ist, dass viele kulturell Kreative sich für isoliert halten und meinen, sie seien die Einzigen, die das Leben so betrachten. Studien, die unter der Schirmherrschaft des Club von Budapest und der Leitung des Philosophen Ervin László in verschiedenen Ländern (Frankreich, Deutschland, Ungarn, Niederlande, Norwegen, Italien, Japan) durchgeführt wurden, haben jedoch gezeigt, dass die kulturell Kreativen inzwischen 35 Prozent der erwachsenen Bevölkerung Westeuropas und Japans repräsentieren.

7. Alle zwei Sekunden wird im tropischen Regenwald ein Gebiet in der Größe eines Fußballfelds abgeholzt.

8. In mehreren Gegenden der Welt gibt es Initiativen, ganze »Ökostädte« oder Stadtteile nach ökologischen Gesichtspunkten zu errichten, die CO_2-neutral und autofrei sind.

9. Alle 20 Sekunden stirbt ein Kind aus vermeidbaren Gründen: wegen des von Menschen produzierten Mülls oder weil kein Trinkwasser zugänglich ist.

10. Nicht die hungernden Völker zerstören den Planeten: 80 Prozent der globalen Ressourcen werden von 20 Prozent der Weltbevölkerung verbraucht.

11. Eine Milliarde Menschen haben nichts, 3 Milliarden kaum etwas zu essen. Laut Jean Ziegler, dem ehemaligen UN-Sonderberichterstatter für Recht auf Nahrung, könnte der Planet aber eigentlich 12 Milliarden Menschen ernähren. Parallel dazu sind der Weltgesundheitsorganisation WHO zufolge eine Million Erwachsene übergewichtig und über 300 Millionen fettleibig. Hier ist die Tatsache interessant, dass der menschliche Körper eher darauf hin konstruiert ist, Nahrungsmangel zu ertragen als Überfluss, denn die Evolution hat uns so programmiert, dass wir Mangel standhalten können.

12. Um ein Kilo Getreide zu produzieren, braucht man 1000 Liter Wasser, wohingegen für ein Kilo Rindfleisch 15000 Liter Wasser, 320 m² Weidefläche und ungefähr 10 Kilo Soja nötig sind. Es wäre klüger und menschlicher, wenn wir unseren Fleischkonsum auf ein- oder zweimal pro Woche beschränkten, denn Fleischverzehr ist ein Faktor, der zu Krankheit und Hunger in der Welt beiträgt, zu Wasserverbrauch und -verschmutzung, zur Zerstörung der Wälder, Emission von Methangas in die Atmosphäre und zu Tierleid.

13. Dass die Menschen am einen Ende der Welt verhungern, hängt unmittelbar damit zusammen, dass die Menschen am anderen Ende überernährt sind (und auch daran sterben): 30 Prozent des Ackerlands auf dem Planeten sind der Produktion von Tiernahrung zugedacht. Das beschneidet die Ackerflächen, die sonst für die Ernährung der unterernährten Bevölkerung zur Verfügung stünden, um dieselbe Prozentzahl.

14. Die Herstellung einer Jeans erfordert 11000 Liter Wasser.

15. Immer mehr Unternehmen berücksichtigen bei ihrer Produktionsstrategie Umweltgesichtspunkte. Studien des MIT (Massachusetts Institute of Technology) haben erwiesen, dass solche Unternehmen sich langfristig besser halten können, wenn sie Umwelt- und menschliche Ressourcen schützen. Es ist offensichtlich, dass ein Unternehmen außer der Aufgabe, Geld für seine Investoren zu generieren, auch seine Kunden, Angestellten, Zulieferer, Partner, Regierungen, lokale und internationale Gemeinschaften zufriedenstellen muss, und das wiederum impliziert Respekt vor der Umwelt. Wenn eine der Gruppen unzufrieden ist, wird das Unternehmen sich nicht dauerhaft halten können. In deutschen Unternehmen gibt es die Position des Umweltbeauftragten, dessen Aufgabe es ist, darauf zu achten, dass das Unternehmen Nachhaltigkeitsrichtlinien einhält.

16. **Wellenkraftwerke** nutzen die Energie der Meereswellen, um elektrischen Strom zu gewinnen.

17. Es gibt über 30 Kriege auf der Welt. Die Menschen bekriegen sich, weil sie in Frieden leben wollen!

18. *Um ein tierisches Protein zu bilden, sind 10 pflanzliche Proteine notwendig.*

19. Die Europäische Union setzt sich im Vergleich zu anderen Regierungen am meisten für die Lebensqualität ihrer Einwohner ein.

20. Da das Wachstum der europäischen Wälder ihre Abholzungsquote übersteigt, fungieren sie als Kohlenstoffsenke und tragen so dazu bei, die steigende Konzentration von Kohlendioxid/CO_2 in der Atmosphäre zu verlangsamen.

21. Wir haben zugelassen, dass Geld unser kollektives Dasein bestimmt, obwohl es eigentlich nur Dingen einen bestimmten Wert geben sollte: Es ist als Tauschmittel bequemer, weil wir nicht z. B. mit drei Zicklein auf der Schulter losziehen müssen, um sie gegen Brot zu tauschen ... Doch wir haben ihm unbeschränkte Macht verliehen und uns in seinen Dienst gestellt, obwohl es doch eigentlich umgekehrt sein sollte.

Schreiten wir zur Tat!

Erscheinen Ihnen die folgenden Aussagen wahr oder falsch?

- Konsumieren macht eher abhängig als glücklich.
- Gewalt und liebevolle Zuwendung haben etwas gemeinsam: Sie sind ansteckend!
- Alles, was wir anderen zufügen, wird sich früher oder später auf uns auswirken.
- Hätte man keine Ängste mehr, könnten überall Waffen sein – man würde sie nicht benutzen.
- Atomenergie existiert, weil ich zu viele Bedürfnisse und Wünsche habe.

Für Pierre und Anne sind all diese Sätze wahr und wir sollten sie in unser Herz aufnehmen. ☺

»ALSO, WOFÜR ENTSCHEIDEN SIE SICH? WOLLEN SIE DIE ERDE AUSPLÜNDERN ODER IHR EIN STÜTZPFEILER SEIN?«

Wenn Sie an einem Wendepunkt Ihres Lebens stehen, an dem Sie die Art und Weise, wie so manches auf der Welt abläuft, einfach nicht mehr ertragen, werden Sie erst dann mit sich im Reinen sein, wenn Sie sich über Ihre Werte und Visionen im Dienst des Ganzen klar werden – damit Sie entsprechend handeln können.

Um diese Werte weiter auszufeilen, stellen Sie sich vor, Sie wären an der Ausarbeitung eines Abkommens über den Umgang mit den Ressourcen des Planeten, der Biosphäre, beteiligt. Malen Sie sich aus, was in Gang gebracht werden könnte – sowohl auf Ihrer persönlichen Ebene als auch auf der Ebene des Planeten Erde.

Welche 10 Hauptpunkte würden Sie in dieses Abkommen aufnehmen?
Wenn ich Macht hätte, würde ich hiermit anfangen:

»Mein Abkommen zum Schutz der Erde«

....

....

....

....

....

....

....

....

Sprechen Sie darüber mit Ihrem Umfeld, selbst wenn zu befürchten ist, dass Ihre Gesprächspartner Sie als Alien behandeln, sobald Sie bestimmte Themen anschneiden ... Manche sind aber vielleicht insgeheim verunsichert oder hätten gerne den Mut, sich dieselben Fragen zu stellen wie Sie ... Die gute Nachricht ist: Indem man auf diese Weise etwas mit Entschlossenheit tut, wird man mutiger, enthusiastischer und gelassener. Was auch geschehen mag: Stehen Sie zu Ihrer klaren Absicht, die Sie äußern, und verbinden Sie sie mit der absoluten Entschlossenheit, das gewünschte Ergebnis zu erreichen.

Wenn man Anne damit aufzieht, dass sie jeden Konfetti-Schnipsel(!) sortiert – denn sie sieht darin den Bestandteil eines Baumes –, dann antwortet sie darauf gelegentlich mit einer Frage: Was ist Ihrer Meinung nach von allem, was wir erleben, das Dümmste? Den kleinsten Papierschnipsel sammeln, in der Stadt wegen der hohen Luftverschmutzung eine Atemschutzmaske tragen müssen, gezwungen sein, im Frühjahr auf dem Land die Fenster geschlossen zu halten, weil Kunstdünger und Pestizide auf die Felder aufgebracht werden ...?

Es wird riskant, keine Risiken einzugehen!
Guibert del Marmol

Wir sind nun am Ende unserer Betrachtungen über einen wertschätzenden Umgang mit den Menschen und unserem Planeten angelangt. Wie wir alle wissen, verfügte die Titanic über Rettungsboote, wohingegen

die Erde keine hat. Leider neigen wir stark dazu, dies in unserem täglichen Verhalten zu vergessen! Jetzt ist es jedoch wichtig, dass wir umsichtige Wächter der unermesslich kostbaren Schätze werden: des Wassers, der Luft und der Erde. Und dafür wollen wir lernen zu unterscheiden, was wirklich nötig ist und was nicht. Nur so können wir uns entfalten: **Unterscheiden wir sorgfältig zwischen den Einstellungen und Verhaltensweisen, die uns zutiefst glücklich machen, und denjenigen, durch die wir lediglich vermeiden, unserer Unfähigkeit ins Auge zu blicken, einfache innere Freude zu empfinden.**

Wir verabschieden uns nun von Ihnen – mit all unserer Zuneigung und Wertschätzung für Ihren Wunsch, mit dem Lesen dieses Übungshefts unsere Träume zu den Ihren zu machen. Beim Schreiben haben wir beschlossen, gemeinsam mit Ihnen das Leben nicht als leicht zu betrachten, sondern als heilig. Danke, dass Sie uns auf diesem Weg begleitet haben!

Wir wünschen Ihnen, dass Sie jeden Augenblick des Lebens bewusst und mit Dankbarkeit nutzen können!

Pierre und Anne

Literatur:

Hofer, Jan; Kronzucker, Dieter; Reeves, Shary; Hoffmann, Ulrich: *1000 Ideen, täglich die Welt zu verbessern.* Rowohlt, Reinbek 2010

Morin, Edgar: *Der Weg: Für die Zukunft der Menschheit.* Krämer, Hamburg 2012

Rifkin, Jeremy: *Die empathische Zivilisation: Wege zu einem globalen Bewusstsein.* Fischer, Frankfurt 2011

Van Stappen, Anne: *Warum gehen, wenn du tanzen kannst?* Goldmann, München 2011

Van Stappen, Anne: *Das kleine Übungsheft. Selbstliebe.* Trinity, München 2012

Websites:

www.fondationpierrerabhi.org
www.colibris-lemouvement.org
www.terre-humanisme.org
http://oasisentouslieux.org
www.lesamanins.com
www.la-ferme-des-enfants.com
www.appel-consciences.info
http://nvc-europe.org
www.annevanstappen.be
www.fuereinebesserewelt.info
www.oekoside.de

Die Autoren danken Michel van Bellinghen, Laurence Bertrand, Caroline Bourret, Anne Bourrit, Cyril Dion, Christiane Goffard, Guibert del Marmol, Sophie le Jeune, Guy De Beusscher, Claire van Meerbeeck und Nelly … für ihre Unterstützung und dafür, dass sie das Manuskript vorab gelesen und geprüft haben.

Die Bibliothek der guten Gefühle

Aus dem Französischen von Claudia Seele-Nyima
Illustrationen von Jean Augagneur
64 Seiten, broschiert

Das kleine Übungsheft:

Xavier Cornette de Saint Cyr
Verborgene Talente entdecken
ISBN 978-3-941837-52-2

Jacques de Coulon
Krisen bewältigen
ISBN 978-3-941837-91-1

Alice le Guiffant & Laurent Pare
Ausmisten und wieder durchatmen
ISBN 978-3-941837-71-3

Ilios Kotsou
Achtsamkeit
ISBN 978-3-941837-95-9

Ilios Kotsou
Emotionale Intelligenz
ISBN 978-3-941837-50-8

Odile Lamourère
Freunde gewinnen und bessere Beziehungen führen
ISBN 978-3-941837-70-6

Hervé Magnin
Lebensträume verwirklichen
ISBN 978-3-941837-93-5

Erik Pigani
Entschleunigen
ISBN 978-3-941837-94-2

Rosette Poletti & Barbara Dobbs
Loslassen
ISBN 978-3-941837-53-9

Rosette Poletti & Barbara Dobbs
Selbstbewusstsein
ISBN 978-3-941837-54-6

Marc de Smedt
Meditationen für jeden Tag
ISBN 978-3-941837-69-0

Anne van Stappen
Grenzen setzen – Nein sagen
ISBN 978-3-941837-73-7

Anne van Stappen
Selbstliebe
ISBN 978-3-941837-68-3

Yves-Alexandre Thalmann
Dankbarkeit
ISBN 978-3-941837-96-6

Yves-Alexandre Thalmann
Endlich frei von Schuldgefühlen
ISBN 978-3-941837-72-0

Yves-Alexandre Thalmann
Glückstraining
ISBN 978-3-941837-49-2

Yves-Alexandre Thalmann
Optimismus
ISBN 978-3-941837-51-5

www.trinity-verlag.de